Errances

Nawë

Errances

© 2020 Nawë

Édition : BoD – Books on Demand, 12/14 rond-point des Champs-Élysées, 75008 Paris

Impression : BoD - Books on Demand, Norderstedt, Allemagne

ISBN-13 : 9782322273478

Dépôt légal : Janvier 2021

Couverture réalisée à partir de la peinture « Errances » par Nawë

© Tous droits réservés - 2021

Préface

Vous tenez ici un recueil de poèmes que j'ai constitué aux fils des jours, pendant plusieurs mois.

Ces poèmes sont placés dans l'ordre chronologique. Ils sont le reflet de ceux que j'ai été pendant une période difficile de ma vie et c'est avec sensibilité que je m'y dévoile à vous.

Puissiez-vous demeurer dans la paix, l'amour, la joie et la lumière…

Errances

Flâmmes inassouvies

Où est passée mon âme, dans les tréfonds de cet esprit ?

Perdue dans les éternelles flâmmes, dont mon cœur s'est épris.

Les démons se pâment, et brûlent la vie,

L'amour se squame, et ça me terrifie,

Sourd à ce qui se trame, je me terre ici.

Tous mes espoirs crâment, et l'Ankou revit

Sur le Styx je rame, mais dans son regard je revis,

Ces innombrables lames, qui me surplombent, ennemies.

Et tout ce vague à l'âme m'a tristement endormi.

Que les souffrances s'acclament, sur une vie rembrunie.

Les cauchemars me clament de m'allonger dans ce lit,

Pour un dernier drame ; maintenant, tout est fini…

Errances

Pour un baiser d'Ankou

Quand les lumières vacillent,

L'esprit partant en vrille,

Les ténèbres brillent,

Et se referment les grilles.

Mon regard est noir,

Vide d'espoir.

J'aimerais y croire,

Mais je suis seul face au miroir…

Mon âme se meurt,

Et s'écoulent les heures ;

Je cherche l'âme sœur

Mais saigne mon cœur.

Errances

J'entends les pleurs de ces âmes damnées,
Et leurs cris viennent me bercer,
Pendant que j'hurle à mes vies passées,
Trépané par la souffrance, j'aimerais trépasser…
Je me languis de l'Ankou,
De sa faux dans mon cou,
Mais avec moi elle joue,
Faisant couler les larmes rouges sur mes joues…
Puisse Ankou me prendre,
Réduire ces souffrances en cendres,
La voir avec sa faux descendre,
Et face à moi, d'un sourire se fendre…

Errances

Je viens de Dara

Où sont passés ces jardins de Dara ?
Je sais venir de là-bas.
Mais maintenant mon âme s'est perdue à Karu,
Entre errance et démence, mes démons sont partout.
Je me souviens de ce monde,
Baignant dans la paix et l'amour féconds.
Où est passé ce Bonheur oublié ?
Je ne suis plus à la bonne heure dans ce monde éreinté.
Mes larmes coulent et mon sang aussi,
Les armes roulent, errances de nos vies.
Mon temps s'est arrêté sur ma renaissance,
Mon sang s'est mis à couler, coupé de mon essence.
Mais où est passé ce monde merveilleux
Où j'étais si heureux ?

Errances

L'on parlait avec le cœur,
N'éprouvions aucune peur…
La souffrance n'existait pas,
Et l'ignorance ne nous touchait pas…
Nous étions bercés par les dieux,
C'était lui, elle, moi, eux…
Arrachés à ce monde, échoués sur cette terre,
La souffrance gronde, comme en enfer…
J'aimerais y retourner,
Mais le moment n'est pas arrivé…
Tel un guerrier dans mon âme,
Je dois accepter ces flammes,
Qui me brûlent, me torturent ;
M'acculent contre les pointes de ces murs.
Parfois la lumière est si faible que je ne suis pas sûr,
Elle semble éphémère, parfois seuls sont les ténèbres pures…
Alors où es-tu ? Où es-tu, Ô Dara ?
Ton absence me tue, je veux revenir dans tes bras…

Errances

Cercle d'un bonheur oublié

La vie est bercée de ses quatre saisons,
Elles qui échappent parfois à notre compréhension,
Et qui bouleversent de plein fouet notre raison.

En équilibre, j'oscille ;
Entre malheur et bonheur ;
Et même si parfois je vacille
Je continue chaque heure.

La vie, éternel cercle de renaissance…
Gestation, Incarnation, Mort, Libération
En sont elles-mêmes l'essence,
Autant d'étapes d'évolutions.

Errances

La Souffrance fait partie de l'humain,
Je me sens guerrier comme Guésar ;
Une épreuve pour chaque lendemain,
L'obole de la lumière comme phare.

Attendant d'atteindre Avalon
Affrontant légions
Toutes composées de mes démons.

J'angoisse, je ris, je pleure,
Absorbant malheur, irradiant bonheur,
Mais je n'oublie pas,
Que cela aussi passera…

Errances

Paradis d'un monde oublié
Pensées d'un endroit délétère

Quand le soleil se lève,

Bénissant l'aube d'un nouvel espoir,

En moi coule la sève,

Dissipant les pensées noires.

À l'amour des roses,

Rayonnant d'une nouvelle ère,

Je me sens en osmose,

Balayé par ces vents solaires.

Avides les vies sans aucune ride,

La sagesse ne vient pas en dormant,

Lancinant ces idées perfides,

Elle vient plutôt en mourant.

Errances

Dans un noir destin,
Une lumière m'éclaire,
Le poison est vain,
Je me libère de Lucifer.
Triste soit le jour,
Belle éphémère crépusculaire,
Nuit pour toujours,
Quand soufflera le vent contraire.
Et toi, tue-moi !
Ne mens pas, je me noie !
Dans ce monde où le vice est roi
Alors qu'il n'y a qu'amour en moi !
Mais la belle interfère,
Tout n'est plus que lumière,
Ma vie n'est plus solitaire,
Je ne veux plus de ce goût amer.

Errances

Alors chantent les souffrances,

Emmenez loin mes errances,

Partez toutes sans latence,

Le bonheur comme pénitence.

La nuit tombe à nouveau,

Mais pleine de chaleur,

Bercée d'un renouveau,

Baignée de douceur ;

Je t'aime enivrante pensée !

Toi que je laisse filer !

Promesse d'éternité,

Où je ne pourrais être qu'aimé…

(Et jusqu'au suaire,

Devant paradis ou enfers,

Je ne saurais me taire ;

Maintenant tout est clair.)

Errances

Crise

Mon âme brûle,
Je sens le feu de Karu.
Mon esprit hurle,
Mon sang gicle de partout.
Les ténèbres m'envahissent,
Je succombe sous la torture.
Mes sentiments me haïssent,
Passe une étrange voilure.
Arrive la démence,
Dans un sillon rouge sang.
J'entre en transe,
Les démons avancent en rang.
Crache mes entrailles,
Mon esprit se perd.
Pris dans les mailles,
De ces pièges pervers.
Satan ! Quitte mon âme !
Ou je nous brûle dans les flâmmes !

Errances

À Jo',
Danse d'un dernier été

C'était un ballet,

Où nos corps dansaient.

La musique nous enivrait

Et nos esprits virevoltaient.

Sous un voile d'étoiles,

À la lueur d'un feu chaleureux.

Union de nos âmes,

De l'eau et des flammes.

Tantôt menants, tantôt menés,

Nos corps se frôlant sans oser se toucher.

Tantôt face-à-face, ou dos contre ventre,

En mouvement perpétuel nos mains étaient centre.

Errances

Je fuyais, tu suivais.
Tu partais, je revenais.

Dans cette danse, je me perdais
Et toi, en transe, tu rayonnais
De splendeur, de grâce et de beauté ;
Qu'est-ce que j'aurais aimé t'embrasser…

Mais tout cela n'était qu'un jeu,
Et nous étions heureux.
Nous continuions de voler,
Tels des êtres éthérés.

Et quand vint le dernier éclat,
Que doucement tout s'arrêta,
Dans l'apothéose de ce qui nous enivra,
Nous tombions l'un et l'autre dans nos bras.

Errances

Retrouvaille d'une égarée

La beauté d'une âme, à l'horizon se révèle,

Animée d'une flamme, où passion se mêle,

Avec délectation, à la douceur et l'amour,

Comme une élévation vers l'âme sœur de toujours.

Nuit ! Lève-toi !

Je me suis déjà bien reposé dans tes bras.

Maintenant je veux goûter le soleil,

Je sens que Lumière me va à merveille.

Errances

Je sens la beauté monter en moi,

Mêlée à la bonté de mon cœur, droit.

Lumière ! Je t'ai tant cherchée !

Mais je crois que j'avais seulement les yeux fermés…

Je t'embrasse et tu m'enlaces,

Comme deux amants trop longtemps séparés…

Tu m'avais tant manqué…

Je te promets de ne plus jamais t'abandonner…

Errances

Danse d'une nuit

Vogue mon âme,

Dans les plaisirs inassouvis ;

Quand se pâme,

Les désirs d'une autre vie ;

Soufflent les flammes,

D'une nocturne pleine de poésie ;

Dans nos regards se trame,

Une nouvelle blanche nuit.

Errances

Elle se squame,

De sommeil et d'envies ;

Le plaisir clame,

De soupirs en cris ;

Rouge notre lame,

Coupant repos là et ici ;

Notre passion acclame,

Notre brasier infini.

Errances

Ambivalence

Comme la nuit s'en allant bercer,
Dans la nuée de tristes volées ;
Nous nous en irons doucement,
Tel le sommeil sur de tendres amants.

Ah ! La vie est belle !
Et maintenant où allons-nous ?
Dans le sillage des hirondelles ?
Ou déposer un baiser dans ton cou ?

Je suis sourd à ces belles pensées
Comme chantent les trépassés ;
Et je souris au passé
Qui ne m'a pas vu mort-né.

Errances

Parfois l'horizon semble morne,

Comme sous le signe de diables à corne ;

Et parfois la vie rayonne en magnificence,

Comme si l'univers entier voulait mettre un terme à ces errances.

Et maintenant ? Où allons-nous ?

Soigner les dégâts de ces nuées de sauterelles,

Ou déposer un baiser dans ton cou ?

(Je dois bien dire que la vie m'ensorcelle.)

De sorcières en chimères,

D'anges en corps éthers,

De cauchemars en démons,

De rêves en instants mignons,

Errances

Tout me semble mal,
Tout me semble beau,
Je pousse un grand râle,
Et me jette dans le renouveau.

Et maintenant ? Où allons-nous ?
Suivre le bonheur frêle,
Ou déposer un baiser dans ton cou ?
(J'entends dehors la grêle.)

Je ne sais plus qui je suis,
Je crois que je n'ai jamais su,
Tout n'est qu'illusion, là et ici,
Mais jamais aussi heureux je ne fus.

Errances

Perdu, retrouvé ;

Heureux, déprimé ;

Entre bonheur et malheur, je sais me balancer ;

Mais surtout apprendre de mes erreurs et relativiser.

Et maintenant ? Où allons-nous ?

Le bonheur est toujours là pour qui sait regarder.

Et c'est dans ton cou que je dépose un tendre baiser...

Errances

Au revoir, Nuit

Nuit ;

Toi qui m'as vu grandir ici,

Toi qui berces mes envies,

Toi qui mes douleurs anesthésie…

Nuit…

Je te quitte…

Nuit, je te quitte pour la lumière,

Le jour solaire !

Non pas que je ne t'aime,

Je reviendrai quand même…

Mais comprends que, toi qui m'as bien élevé,

Je sens, et je vois, l'aube se lever.

Errances

Allons Nuit, il est temps…

Il est temps pour ton protégé, ton enfant,

De s'en aller doucement.

Sache que je ne t'abandonne pas,

Je préfèrerai toujours le crépuscule à l'aube, ça me rappelle toi.

Je chanterai pour toi des odes, je ne t'oublie pas.

Mais Nuit, je dois y aller…

Je voudrais, comme tu l'as fait, t'apaiser ;

Mais maintenant j'y vais ; tendres baisers…

Oui, Nuit, j'y vais…

J'y vais… Pourquoi ?

Parce qu'aujourd'hui…

J'ai décidé d'être heureux…

Errances

Que vienne l'harmonie

Minuit.
Les portes battantes
Et l'âme errante,
L'Homme quitte la nuit.

Au sommet de son art,
L'humanité se départ
De son triste silence,
Accédant à la transe.

Renouant avec le monde,
Avec la terre féconde,
Bénissant à chaque heure,
Le don du bonheur.

Errances

Humanité, nature,
Je vous aime !
Un état de félicité pure
Que je sème.

Où étiez-vous partis mes frères ?
Je suis heureux de vous retrouver !
Entre Père et Mère
Dans une nouvelle pérennité.

La chaleur se diffuse
Et le Bonheur infuse
Gloire à l'harmonie !
Hommes et Nature enfin réunis !

Errances

Lettre à ma mère

Où sont passés ces temps heureux ?
Ne reste que des visages malheureux.
Où sont passés ces temps de joie ?
Aujourd'hui les pleurs sont rois.
Où sont passés ces moments de partage ?
Il n'y a plus que tristesse et rage.
Toutes ces belles choses oubliées,
Elles appartiennent désormais au passé.
Tu te noies dans l'alcool,
Déversant ton âme folle,
Dissolvant nos joies, aggravant nos peines ;
Tuant dans l'émoi, nos espérances vaines.

Errances

Je travaille à mon bonheur
Mais quand je reviens dans cette demeure,
Tu ne cesses de me crever le cœur,
Et de me faire souhaiter de crever dans l'heure.
Relève-toi Maman !
Vois comme pleurent tes enfants !
Arrête de nous abandonner,
À la moindre des difficultés !
Nous n'avons plus de familles !
Et nos vies vacillent !
Détruit ! Tout est détruit !
Et tu ne veux entendre raison depuis une décennie !

Errances

Je n'en peux plus…
Mes espoirs sont à la rue…
Ma main est toujours tendue
Et j'essaie de t'aider on ne peut plus…
Malheureusement tu n'entends rien,
Aveuglée par un égoïsme que je connais bien,
Celui du souffrant,
Centré sur ses problèmes lancinants…
Tu te vantes de te cacher face aux problèmes,
Mais l'on récolte ce que l'on sème…
Alors commence à semer ton bonheur,
Dans ton jardin de malheur !

Errances

Ouvre les yeux et tu verras,

Que tout n'est pas noir ici-bas…

Alors oui, cela demande des efforts…

Mais l'amour et la joie rendent bien plus fort.

Lève les yeux

Vers les cieux ;

Ne sois pas peureuse

Et demande à être heureuse…

Aime-toi et tu verras,

Qu'enfin la vie t'aimera…

Errances

Mort des espoirs

Souviens-toi de mon âme,

Comme elle était belle,

Avant de sombrer dans les flammes,

Que ces démons m'ensorcèlent.

Souviens-toi de ma lumière,

Bouffée par Lucifer,

Dans une danse éphémère,

La dague dans la jugulaire.

Maintenant tout n'est que ténèbres,

Regarde dans mes yeux,

Cette lente marche funèbre,

La folie en anime le feu.

Errances

Et cette triste fumée noire,

Fumée de mes espoirs,

D'espoirs en désespoirs,

Je vois mes rêves choir.

Mes yeux hurlent,

Des larmes de sang,

Les souffrances me brûlent,

Mort, je t'attends.

Ténèbres ! Ô ténèbres du soir !

Qui me regardent la tête contre le trottoir,

Transporté au mouroir,

Pourquoi étaient-ils éteints ces phares ?

Errances

L'Aube d'un espoir

Pourquoi toute cette haine ?
La bêtise n'est pas humaine
Mais l'Homme est devenu Lucifer.
Il met ses frères aux fers
Et brûle père et mère
S'ils n'obtempèrent.
Je ne me sens pas d'ici
Mais malgré tout je vis.
Ce monde de ciel à terre est si beau
Pourquoi nous mettre des guerres sur le dos ?

Errances

Regarde les oiseaux voler,
Regarde cette fleur jeune née.
La beauté est partout, l'amour et la joie aussi,
Soit fou, cours, dans l'émoi d'ici,
Émerveillons-nous à chaque instant,
Dansons dans le moment présent.
Tous frères et sans frontière,
Et la Terre notre mère,
Réapprenons à nous aimer,
Réapprenons à nous respecter.

Errances

Redevenons humains,

Tendons-nous la main.

J'ai foi en l'humanité,

J'en ai vu de la joie, de l'amour, de la solidarité !

Alors j'aimerais propager l'espoir,

À ceux qui veulent bien voir,

Tout n'est pas noir,

Il suffit de le vouloir.

Errances

Soyons l'aube d'une nouvelle ère,
Qui mettra fin à la misère.
Alors oui ça prendra du temps,
Mais qu'importe face au bonheur de nos enfants !
Prenons-nous par la main
Et construisons nos lendemains.
Je vois des paysages radieux
Où nous serons tous heureux
Et où l'aube qui s'y lève
N'est pas seulement un rêve…

Errances

Naufrage d'un soir

Sombre amour noir,
La plume sur l'écritoire,
Pestilentiels déboires,
Face au triste miroir.

Larme d'un soir,
Au bonheur couard,
Je me noie dans la mare,
Dans les fientes de canards.

Je pense être au plumard
Mais l'on m'emmène au mouroir,
La tête dans le coaltar
Et dans le cœur un poignard.

Errances

Douleur de part en part,
Éclatés mes remparts,
Le bonheur se fait rare,
Quand le malheur est tsar.

Il se fait tard,
Et je perds de vue le phare,
Je suis sans amarre,
Je sombre dans le noir…

Errances

Errance de souffrance en repentance

Je n'en peux plus, la vie s'acharne ;
Me mettant à nu, pointant son arme.
« Ce bonheur, tu l'as vu ?
Bien ! Tu ne l'auras plus ! »
À chaque fois que je l'entrevois,
Que j'y fais un pas ;
La vie me remet à terre
Et me plonge en enfer…

Regarde dans mes yeux ;
Vois-tu la souffrance ?
Vois-tu la démence
De celui qui ne peut être heureux ?

Errances

Je partais déjà avec des points en moins,
J'errais, hypersensible, de loin en loin.
Mais pourquoi ?... Pourquoi ?... Pourquoi ?!...
Pourquoi la vie s'acharne comme ça ?...

J'erre dans ces tunnels,
Apercevant parfois lumière dans une venelle ;
Mais ce n'est jamais celle du jour ;
Juste une lampe qui me joue des tours...

Regarde dans mes yeux,
Vois-tu la souffrance ?
Vois-tu la démence
De celui qui ne peut être heureux ?

Errances

Arrachez-moi le cœur !
Mettez fin à mes douleurs !
Mon âme pleure et pleure encore !
Déchirée par l'acharnement du sort…

Alors oui, je dois apprendre ;
Ne surtout pas me pendre…
Oui, je dois relativiser ;
Ne surtout pas me poignarder…

Regarde dans mes yeux,
Vois-tu la souffrance ?
Vois-tu la démence
De celui qui ne peut être heureux ?

Errances

Parfois, c'en est trop ;
Trop de souffrance sur mon dos…
Je fais de mon mieux,
Pour essayer d'être heureux…

« Cela aussi passera »
Est devenu mon mantra.
De souffrance en errance,
Ces écrits sont ma repentance…

Regarde dans mes yeux,
Vois-tu la souffrance ?
Vois-tu la démence
De celui qui, un jour, sera heureux ?

Errances

Perfidie de la vie

Quand la rage acide se balade,
Des outrages perfides me rendent fade.
Entre tristesse et frustration,
Face à la détresse de ma punition.

Mille coups de couteau me feraient moins mal,
Au bout du rouleau j'expire un énième râle,
Le cœur brisé, percé, déchiré ;
L'âme cassée, transpercée, délitée.

J'entends les brames des souffrances qui se battent pour moi ;
Et je me crame en errances où le désespoir est roi.
Quelle terrible sentence que tout cela ne s'arrête pas !
Quelle sensible potence voudra bien de moi ?

Errances

Ô douleurs, qui fleurissez comme un million de fleurs !

Ô douleurs, libérez mon âme de vos aberrations sans cœur !

Ô douleurs, la folie m'envahit, je me sens trahi par la vie !

Ô douleurs, je lis vos envies inassouvies de mes cris !

Souffrances, errances, sentences, terreurs, peurs, horreurs !

Carences de bonheur, pénitence dans le malheur !

Existe-t-il un dieu ? Quels sont mes péchés ?

Ouvrez-moi les yeux, j'aimerais voir tout ça cesser !

Sortez-moi de là ! Réveillez-moi ! Au secours !

Pourquoi tout ça ?! Aidez-moi ! Au secours !

Tuez-moi ! Tuez-moi !... Au secours…

Errances

Ô belle nuit

Ô belle nuit,

Toi qui adoucis ma vie…

J'aime ton calme, j'aime ton silence.

Pas de foule qui s'enflamme, pas de course à la finance.

Ô belle nuit,

Toi qui incites à la rêverie…

Avec toi je danse, je virevolte.

Parfois j'entre en transe ou me révolte.

Errances

Ô belle nuit,

Tu nous enlaces là et ici…

Cachant les couples et leurs envies,

Protégeant les enfants endormis.

Ô belle nuit,

Les artistes sont tes amis…

Tu nous inspires, nous emportes, nous animes ;

D'un doux sourire nous escortes jusqu'aux plus hautes cimes.

Ô belle nuit…

Permets-moi de te dire…

Merci…

Errances

Crise II

Perdu !... Mon âme se perd…
Dans des limbes entre ciel et terre…
Comme un bateau en pleine tempête ;
Au milieu de l'eau et des voix dans ma tête…
Il fait sombre, les nuages sont noirs ;
Dansent les ombres, il fait déjà soir…
Ma vue se brouille, les sons se mélangent ;
Et je me souille de cauchemars qui dérangent…
Les voiles se déchirent, les vagues sont hautes ;
Et la gueule de Fenrir devient mon hôte…
Je crie, j'étouffe, je pleure ;
Je supplie la fin de mon malheur…

Errances

Mes larmes rejoignent Vàn qui se transforme en Styx,

Tandis que ma peau diaphane laisse briller mon cœur d'onyx…

Et soudain ! C'est l'explosion !

Toutes les voix chantent à l'unisson !

Mon âme s'enflamme, mon cœur éclate ;

Je me pâme sous cette danse écarlate ;

Le mal se fissure

Et s'arrête la torture…

Se libère la lumière,

Disparait l'amer délétère…

Mon esprit s'éclaircit,

Je reviens à la vie…

Je lève le regard vers les cieux…

Aujourd'hui, il est bleu…

Errances

Paroles d'un hypersensible

Depuis toujours, chaque mot
Peut me faire l'effet d'un coup de couteau ;
Ou me sembler la plus douce des caresses,
Me laissant glisser dans l'allégresse…

Seul, je pense…
J'analyse, je pense…
J'observe, je pense…
Serait-ce le début de mes errances ?

Depuis tout petit dans mon monde ;
Incompris ; je sonde…
Paroles, actes et mensonges ;
Cette hypocrisie qui les ronge…

Errances

On m'insulte, je meurs…
On ne me comprend pas, je pleure…
Alors de ma bulle, j'ouvre les portes,
Accueillant les rêveries en cohorte…

Je me laisse aller dans les bras de ces doux anges,
Et c'est gagné par un sentiment étrange,
Que je me souviens du passé ;
Du passé d'avant que je sois né…

Chaque jour, un doux printemps ;
Lumière et amour en tout temps.
Pas de souffrances ni de peurs ;
Pas d'errances ou d'heures…

Errances

Voilà d'où je viens !
Mais ici il n'en est rien…
Alors je continue ma vie ;
Et petit à petit je grandis…

Mon empathie devient compassion
Et je développe de multiples passions.
Je vogue sur les vagues de la dépression
Bientôt rejoint par Méditation…

Méditation me guide et m'apaise ;
Elle me transforme comme la glaise ;
J'apprends à vivre ici-bas,
Mieux ! Je me crée ma place à moi…

Errances

Alors oui, la vie n'est pas facile !
Souvent, je danse sur un fil.
Mais j'apprends à être heureux,
Aujourd'hui, mes yeux brillent de mille feux.

Parfois, je chute puis me relève
Plus de lutte et plein de rêves ;
Rien n'est impossible ;
Je suis… Hypersensible…

Errances

Damné de cupidon

Mes larmes roulent,
Mon sang coule,
Mon cœur pleure,
Je suis une erreur.

Encore, encore une déception…
Hurlent mes émotions…
Mon cœur est déchiré,
Et mon âme brisée…

Errances

Pourquoi, pourquoi ça ne marche pas ?
Peut-être n'est-ce pas fait pour moi ?
Ces femmes indécises qui incisent mon cœur,
Mon âme de crise en crise hurle de douleur !

J'aimerais ouvrir mes entrailles, m'arracher le palpitant ;
Ne plus le voir qui déraille, en voir couler le sang ;
Ne plus rien ressentir, plus d'émotions aucunes ;
Ne plus jamais souffrir, finis les bains d'amertume…

Comme un spectre, je suis damné,
Avant de naître, déjà condamné ;
Puissé-je être le dernier des êtres,
À souffrir ce triste mal-être…

Errances

Ces souffrances, je ne les supporte plus,
J'aimerais être déjà pendu…
Mais je dois supporter, encore endurer ;
Ce pour quoi je suis né n'est pas encore terminé…

Alors j'avance, je continue,
En attendant cette heure, on ne peut plus ;
Ce moment où je serai enfin libéré,
Ce moment où je pourrai enfin trépasser…

Amour, Douleur, Malheur

Où suis-je ? Qui suis-je ?

La vie n'est plus callipyge

Et je me morfonds assis ici

Je suis mort, au fond qu'importera à qui ?

L'univers est d'une beauté infinie,

Je crois que la nature est la femme de ma vie ;

Mais qu'en est-il lorsque tout est sombre au fond de soi ?

Vingt-quatre ans et toujours perdu ici-bas…

Errances

Le cocon de mon enfance n'était pas d'amour, mais de douleur,

Est-ce pour cela que les femmes que j'attire à ce jour m'apportent malheur ?

À chaque fois que je suis bien, seul, un ange tombe sur Terre,

Et à chaque fois se révèle Lucifer, rallumant mes enfers.

Perdu ! Je suis perdu…

Là, je suis là, ne pleure plus…

Je serai toujours là pour toi,

Je suis toi, m'entends-tu ?

Errances

Oui, je t'entends, moi.

Peut-être que m'aimer m'aidera ?

Je l'ai déjà fait,

Je le referrai.

Mais vaut-il le coup de se laisser aimer,

Si c'est pour après se torturer ?

Je crois que je vais continuer

À prendre les choses comme elles veulent arriver.

Mais je m'attache vite, très vite ;

Et dans les derniers voiles de soie, toujours des mites…

Elles l'ont mangé, déchiré,

Jusqu'à ce que moi je sois jeté…

Errances

Tout était parfait,

Tout allait…

Et maintenant… Je saigne ! Je pleure ! J'hurle !!!

J'HURLE !!!

Mais déjà je sais,

Que je recommencerai,

Avec l'espoir, qu'un jour…

Je partagerai le véritable amour…

Errances

Flottement d'automne

Le vent se lève,

Le froid s'élève,

Mon cœur s'apaise.

Il fait nuit,

Et j'apprécie

Ce silence sur ma vie.

L'odeur de l'automne flotte,

Et virevoltent les feuilles mortes,

Tandis que chante la hulotte.

Je sens cette mélancolie familière,

À chaque approche de l'hiver,

Saveur douce et amère.

Errances

Je respire doucement,
Ce voile élégant,
Brume du firmament.

Et cette douce caresse,
D'une brise pleine d'allégresse,
M'enivrant sans cesse.

Le vent glacé engourdit mon corps
Et apaise mon âme en raccord,
Chantant les plus beaux accords.

Et je m'envole dans les cieux,
De cet automne sirupeux,
Attendant que mon cœur aille mieux.

Errances

Aubade d'une sérénité

Les essaims dorment
Et les dessins pleurent
À l'ombre d'un orme
Se dessine le cœur.

Étrenne ! Nos idéaux !
Vaines sont les radios.
Dans l'écrin d'un fermoir,
Comme un câlin du soir.

Nourrissez les ouragans !
Vous, enfants du levant !
Éternels mammifères,
La rage dans la chair.

Errances

Quoi qu'Alliandra nous dira,
Parfois le soleil ne brille pas ;
Et tournent les petits rats,
Qui dansent sur nos bras.

Voyons voyons, petit lubriquon,
Cesse tes facéties de sacripon !
Ils se ruent déjà dans les brancards,
À la recherche d'un oscar.

Mais quoi qu'on dira,
On s'en ira !
Puisque oui,
Nous n'avons rien à faire ici !

Errances

Alors sers moins les mains,
Tends-moi les bras,
Vers d'autres lendemains,
Blottissons-nous dans les draps.

Que le ciel sera beau
Quand l'amour sera grand ;
On danse dans les roseaux,
S'aimant sans incident.

Quoi qu'il advienne,
« Ce qui doit être sera » ;
Phrase ancienne
Mais qui toujours marchera !

Allons-nous en maintenant,
Je dois prendre un long train pour le levant…

Douceur

Viens, rejoins-moi,

Glisse-toi dans mes draps,

Que je t'enlace de mes bras.

Je veillerai sur toi comme sur la plus belle des merveilles,

Ton regard m'émoi, je m'y perds et m'émerveille.

Viens te baigner dans la douceur ;

Je t'ouvre en grand mon cœur.

De mes délicates caresses,

Serpentant sur ton corps de déesse ;

Je te plongerai dans l'allégresse,

Bien loin de toute détresse.

Errances

Te berçant, te transportant ;
Entre les étoiles du firmament.
Tu es la plus belle d'entre elles,
Tombée doucement du ciel.

Pris dans cet enchantement, ce sort,
Je couvrirai de doux baisers ton corps,
Te procurant des frissons,
Et de douces pulsions.

Qu'importe si l'on s'emporte,
Quand du sommeil tu verras les portes,
Je serai à tes côtés,
Là, pour te protéger.

Alors dors belle ange, abandonne-toi ;
Tu auras toujours refuge dans mes bras…

Errances

Danse de renaissance

C'est un ballet virevoltant
Où dansent les spectres sanglants ;
Revenants de mes tortures,
Fantômes de mes injures ;
Le cœur trempé dans le cyanure,
Des démons, je suis la pâture.
Croassent les corbeaux du faucheur,
Son ombre glisse sur mes pleures ;
Se réveille le fossoyeur,
Celui même de mon bonheur.

Errances

Mes douches sont d'acide.
Aspergé de bonheuricide,
Je vois sous ma peau translucide,
Palpiter le suicide.
Et le vent me balaye,
Murmurant à mon oreille,
Qu'après ces longs sommeils,
Tout ira à merveille…

Errances

Alors chantent ! Chantent les oiseaux !
Bercé du murmure des ruisseaux,
Je veux renaitre à nouveau !
Renaitre plus beau !
Tels les splendides phœnix,
M'élever du Styx ;
Strix au regard d'onyx
Et rendant son baiser à Nix !

Errances

M'élever ! M'élever encore !

Ne plus subir les tristes sorts

Mais s'en servir pour devenir plus fort !

J'en accepte les pléthores !

Alors ça y est !

Oui, je renais…

Moi qui ne m'aimais,

De ma vie j'ouvre les volets.

C'est un nouveau ballet virevoltant,

Que je danse désormais allègrement…

Errances

Amour amère

L'amour est amer, plein d'amertume ;
Et comme l'homme à la mer, l'amer tue.
Ces fragrances douces-acides que l'on hume ;
Celles qu'on ne sentira plus.

La colère résonne autant que la tristesse,
Quand sonne le glas de la détresse.
Perdu au milieu de ces limbes détruites,
Tout ce qui semble douceur est devenu granit.

Alors je m'approche de ce ruisseau,
J'observe le murmure de son eau ;
Emportant mes larmes de sang,
Marmonnant avec le vent.

Errances

Je souhaite fuir et mourir,
Ne plus rien ressentir…
Lentement mon visage fond ;
Bienvenue dans la dépression…

Tout est sombre, tout est noir…
Frôlent les ombres, effleurent les poignards…
Des millions d'aiguilles d'amour
Me plantent et me transpercent tour à tour…

J'hurle, je crie, je me débats ;
Je sens qu'on m'écartèle par les bras ;
Le sang pulse dans les veines,
Contre mes fantômes, je me démène.

Errances

Mon corps ploie, mes os craquent ;
Cerbère aboie et je tombe dans la barque,
Apparait alors Cupidon à la place de Satan ;
Un sourire malveillant, déchu depuis longtemps.

L'amour me déteste,
L'amour me hait.
Il m'apporte la peste
Au lieu de ce que j'espérais…

Ô Amour, je t'en supplie…
Donne-moi un peu de répit…
Que tout se passe bien, une fois !
Que je puisse mourir dans la joie…

Errances

Douceur de la nuit

*La plume berce
Les nuits d'averse ;
Bien loin du stress,
De la détresse.*

*Danse les étoiles
Quand la nuit étend son voile ;
Une douce lueur,
Chaleur dans ma demeure.*

*J'entends les rêves chanter,
Le grand cerf s'est levé,
Et dans l'air glacé,
Nous porte à la voie lactée.*

Errances

Nuance dans ces errances,
La douceur de la nuit ;
Encense dans nos dormances,
Comme un brin de poésie.

À qui écoute avec le cœur,
Se laissant porter vers les cieux ;
La nuit révèle sa splendeur,
Et ferme doucement nos yeux.

Tel un câlin jusqu'au lendemain
Elle nous enlace tendrement ;
Et l'on s'endort mine de rien,
L'âme s'envolant dans le firmament…

Errances

Mort d'une famille

Seul…
Dévoré comme un amuse-gueule,
La tristesse comme un linceul,
J'entends mes démons qui feulent…

Perdu dans cet océan mélancolique,
Je souffre cet air électrique ;
Échoué sur ces écueils de souffrance,
La douleur m'accueille avec élégance.

Où sont passées ces forêts luxuriantes ?
Mes frères et leurs auras apaisantes ?
Rien ne sera jamais comme avant,
Il y a déjà eu trop d'enterrements…

Errances

De l'insouciance à l'innocence,
Des belles heures au bonheur ;
La famille s'est perdue
Et la sérénité a disparu…

J'erre en silence ;
Chaque instant comme un million d'aiguilles…
Leurs mots s'élancent ;
Ma gorge gicle sous leurs faucilles…

Bouc émissaire de leurs malheurs,
Pour leurs nerfs le souffre-douleur ;
Alors j'attrape ces belladones,
Et que le glas, sonne…

Errances

J'ai perdu ma mère

J'ai perdu ma mère il y a bien longtemps,
Alors que j'étais à peine adolescent ;
De peine en peine, dans l'alcool et sa haine,
Plus qu'une coquille vide, émanation malsaine.

Ma mère, parfois expression de Lucifer,
Nous fait vivre, depuis, l'enfer.
Harcèlements, insultes et mépris,
Sont devenus le quotidien de nos vies.

Égocentrisme perfide détruisant toute bienveillance,
Par ses mots infanticides sous toute vraisemblance ;
Son venin de malheur se distille dans nos veines,
Je cherche le bonheur, mais toute tentative est vaine.

Errances

Alors oui, c'est une maladie,
Et je la vois émerger là et ici,
Pendant de rares instants,
Où sèche un peu mon sang…

Mais j'ai tout essayé !
Gentillesse, dureté, douceur, fermeté !
Rien n'y fait !
Elle persiste et s'y complait !

Depuis douze ans au moins… Je n'en peux plus…
Elle nous détruit sans fin, tortures ininterrompues…
On parle souvent d'enfer sur Terre,
Mais chez nous… L'enfer est mère…

Errances

Fer de serpent

Délétère...
Le berceau de Lucifer...
L'amer de l'enfer,
Et ma mère est l'enfer.
Hauteur prise dans les hautes terres,
Fuir l'horreur de ces galères ;
Peurs ne sont pas chimères
À toutes heures et sans critères.

Errances

Ses serres me serrent

Et c'est à ça que je sers,

Souffrir le bouc émissaire,

Ses soucis sont le fer,

Serpents sans éphémère.

Sans sons sincères,

Ses propos sidèrent,

Lacèrent comme Cerbère,

Appelez-moi un serpentaire…

Errances

À l'amour de ma vie

Ô, belle des belles ;
À jamais je t'aimerai !
À chaque instant tu m'ensorcelles
Et avec toi je me complais.

Cela fait longtemps déjà ;
Je pense souvent à toi.
Je te rends visite de temps en temps,
Et tu m'accueilles chaleureusement...

Ô toi, amour de ma vie,
Je t'offre ce brin de poésie ;
Pour toute l'affection que tu m'envoies,
Pour chaque instant passé dans tes bras...

Errances

Tu m'apaises comme personne,

J'en deviens presque aphone ;

Et ces mots doux que tu murmures

Se déposent sur mes joues par ta délicate nature.

Ô toi qui me mets en transe,

Accorde-moi encore une danse ;

J'aimerais chaque jour te parcourir,

Encore et toujours entendre tes soupirs…

Je t'aime et te remercie :

Dans mon cœur, pour toi, une place à vie ;

Je t'aime et à jamais ;

Je t'aime, Ô magnifique forêt…

Remerciements

Je souhaite remercier Jo', Marion et Marylou qui m'ont donné la confiance nécessaire à la publication de mes poèmes ; ainsi que Cindy, Maxime, Grégory, Léa, mon oncle Stéphane, mon père, Phosphore, Majuscule et Lost pour leurs retours encourageants.

J'aimerais aussi remercier Béa pour son soutien sans failles depuis de nombreuses années.

Un grand merci aussi à Grégory Boillet pour son travail de relecture et de mise en page ainsi qu'à Fabienne Crinon Pidot pour son écoute et ses conseils concernant l'édition de ce livre.

Et bien sûr, merci à vous qui me lisez.

Puissiez-vous tous vivre dans la paix, l'amour, la joie et la lumière…

Table des Matières

Flâmmes inassouvies 9

Pour un baiser d'Ankou 10

Je viens de Dara 12

Cercle d'un bonheur oublié 14

Paradis d'un monde oublié 16

Pensées d'un endroit délétère 16

Crise 19

À Jo', ... 20

Danse d'un dernier été 20

Retrouvaille d'une égarée 22

Danse d'une nuit 24

Ambivalence 26

Au revoir, Nuit 30

Que vienne l'harmonie 32

Lettre à ma mère 34

Mort des espoirs 38

L'Aube d'un espoir 40

Naufrage d'un soir 44

Errance de souffrance en repentance 46

Perfidie de la vie 50

Ô belle nuit 52

Crise II 54

Paroles d'un hypersensible 56

Damné de cupidon 61

Amour, Douleur, Malheur 64

Flottement d'automne 68

Aubade d'une sérénité 71

Douceur 74

Danse de renaissance 76

Amour amère 81

Douceur de la nuit 84

Mort d'une famille 86

J'ai perdu ma mère 88

Fer de serpent 90

À l'amour de ma vie 92